JELLY BE

PRAYER & ACTIVITY BOOK

Jelly Bean Prayer: Author Unknown • Illustrated by: Jackie Binder
Adapted by: Kim Mitzo Thompson & Karen Mitzo Hilderbrand
Written by: Kim Mitzo Thompson & Karen Mitzo Hilderbrand

JELLY BEAN PRAYER

Red is for the blood Jesus shed.

Green is for new life ahead.

Black is for the sins we've made.

White is for perfect grace He gave.

Yellow is for the beautiful sunlight.

Orange is for the edge of night.

Purple is for His hour of sorrow.

Pink is for our new tomorrow.

Scripture Verses For The Jelly Bean Prayer

Red is for the blood Jesus shed.
This is love: not that we loved God, but that He loved us
and sent His son as an atoning sacrifice for our sins.

1 John 4:10

Green is for new life ahead.
...God has given us eternal life, and this life is in His son. He who has the Son has life;
he who does not have the Son of God does not have life.

1 John 5:11-12

Black is for the sins we've made.
For all have sinned and fall short of the glory of God.

Romans 3:23

White is for perfect grace He gave.
For it is by grace you have been saved through faith
— and this not from yourselves, it is the gift of God.

Ephesians 2:8

Yellow is for the beautiful sunlight.
And God said, "Let there be light," and there was light. God saw that the light was good, and he separated the light from the darkness. God called the light *day* and the darkness he called *night* And there was evening, and there was morning — the first day.

Genesis 1:3-5

Orange is for the edge of night.
Jesus went to pray in the garden of Gethsemane with his disciples. Then he said to them,
"My soul is overwhelmed with sorrow to the point of death. Stay here and keep watch with me."

Matthew 26:38

Purple is for His hour of sorrow.
Jesus was crucified along with two criminals. Jesus said,
"Father, forgive them, for they do not know what they are doing."

Luke 23:34

Pink is for our new tomorrow.
Therefore, if anyone is in Christ, he is a new creation; the old has gone, and the new has come!

2 Corinthians 5:17

Red is for the blood Jesus shed.

This Is Love

Use the code to figure out what 1 John 4:10 says.

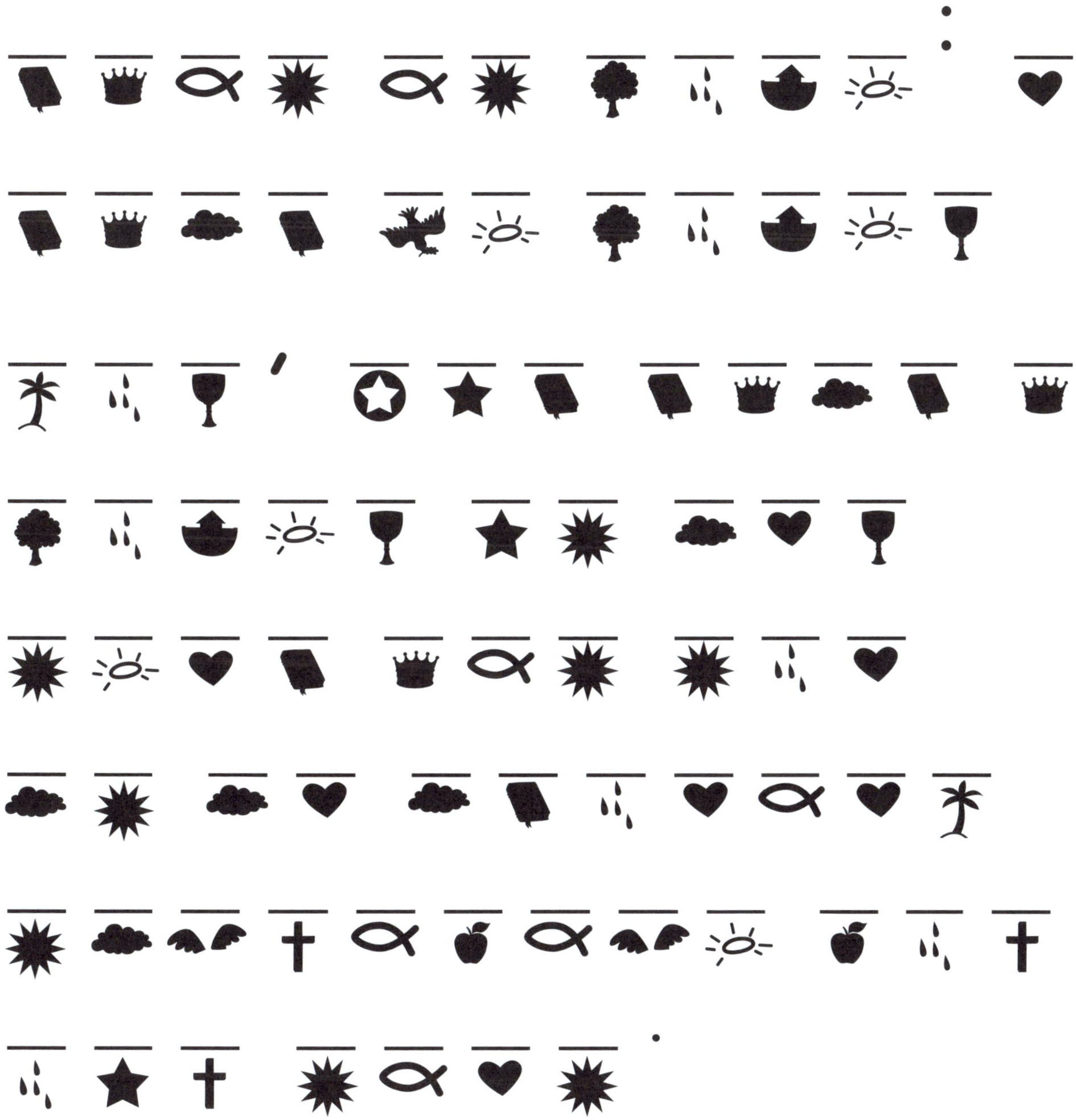

Green is for new life ahead.

God's Gift

Unscramble the words in the list below.
Then write those words and use the letters
in the circles to complete the scripture verse.

1 E O L V ___ ___ ___ ___

2 G L T H I ___ ___ ___ ___ ___

3 R A H F T E ___ ___ ___ ___ ___ ___

4 U S J E S ___ ___ ___ ___ ___

...God has given us eternal ___ ___ ___ ___ , and this life is in His son. He who has the Son has life; he who does not have the Son of God does not have life.

1 John 5:11-12

FOR ALL HAVE SINNED

Black is for the sins we've made.

All Have Sinned

The Bible tells us that everyone has sinned.
Use the secret code to find out what Romans 3:23 says about sin.

For ___ ___ ___ have
26 15 15

___ ___ ___ ___ ___ ___ and
8 18 13 13 22 23

___ ___ ___ ___ ___ ___ ___ ___ ___
21 26 15 15 8 19 12 9 7

of the ___ ___ ___ ___ ___
20 15 12 9 2

___ ___ ___ ___ ___.
12 21 20 12 23

A	B	C	D	E	F	G	H	I	J	K	L	M
26	5	10	23	22	21	20	19	18	11	6	15	3

N	O	P	Q	R	S	T	U	V	W	X	Y	Z
13	12	17	16	9	8	7	15	14	4	1	2	24

White is for perfect grace He gave.

Grace Of God

Read Ephesians 2:8 below.
Then use the underlined words to fill in the puzzle.

For it is by grace you have been saved through faith —

and this not from yourselves, it is the gift of God.

Ephesians 2:8

Yellow is for the beautiful sunlight.

God Our Creator

God is the creator. He made everything in our beautiful world.

Read Genesis 1:3-5 then find the underlined words in the word find puzzle.

A	G	O	D	B	C	D	S	E	F	G	H	I	J	K
B	L	M	N	O	S	Q	A	F	D	G	R	S	U	E
D	T	C	E	V	E	A	W	Z	A	Y	O	X	V	V
L	H	M	I	D	P	O	J	U	Y	K	B	O	J	E
C	E	S	D	W	A	X	Y	Q	Z	B	P	B	D	N
Y	R	U	Q	V	R	R	T	S	A	I	D	T	G	I
X	E	A	R	V	A	W	K	B	C	E	A	Q	Y	N
V	L	I	G	H	T	O	I	N	I	G	H	T	Z	G
D	R	T	Y	H	E	S	B	T	E	C	X	J	M	L
C	A	L	L	E	D	K	U	T	C	S	F	G	B	A
C	T	G	E	N	E	S	I	S	S	B	S	V	Z	X
U	Y	M	O	R	N	I	N	G	L	K	J	P	O	N

And God said, "Let there be light," and there was light. God saw that the light was good, and he separated the light from the darkness. God called the light "day" and the darkness He called "night." And there was evening, and there was morning—the first day.

Genesis 1:3-5

Orange is for the edge of night.

Jesus Prays

Jesus went to pray in the garden of Gethsemane with his disciples. Connect the dots from 1 to 20 to see the picture. Color the picture.

Then he said to them, "My soul is overwhelmed with sorrow to the point of death. Stay here and keep watch with me."

Matthew 26:38

Purple is for His hour of sorrow.

Forgiveness

Jesus was crucified along with two criminals. Use the code to figure out what Jesus asked His father to do.

Jesus said, "Father

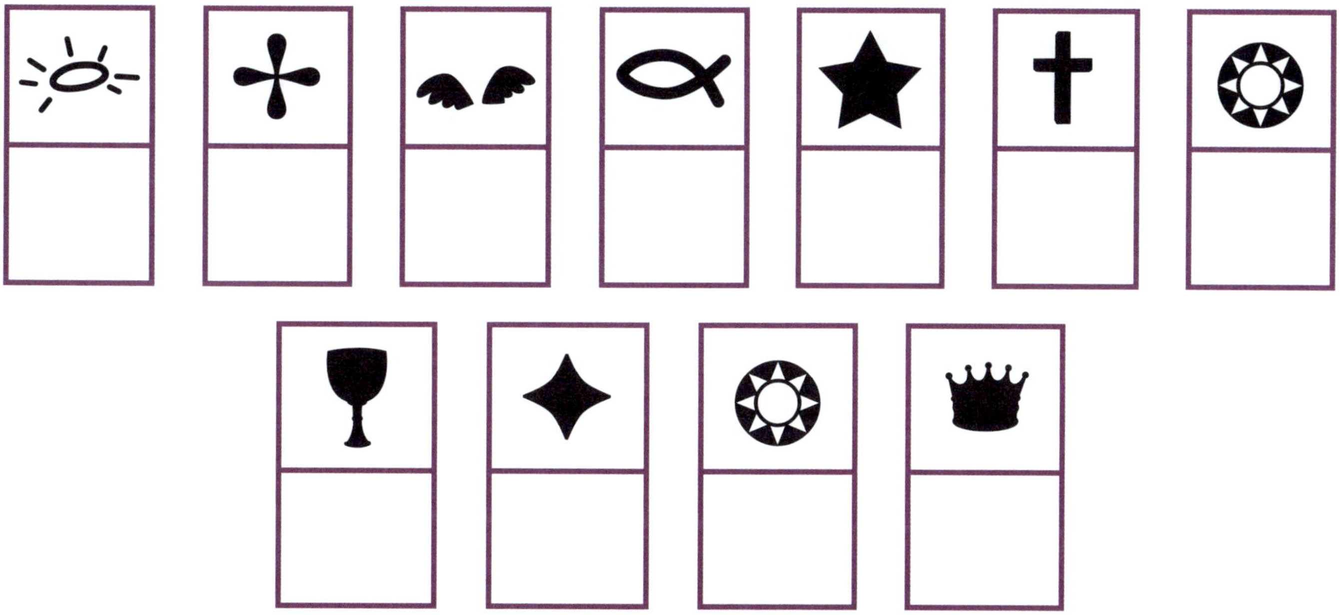

for they do not know what they are doing."

Luke 23:34

Pink is for our new tomorrow.

In Christ

Fill in the missing letter to spell words from 2 Corinthians 5:17. When all the letters are used, look in the boxes to discover the missing words from 2 Corinthians.

Use these words:

- son
- new
- peace
- Easter
- sin
- love
- heaven
- world
- faith
- Christ
- crown

	☐	EW
H	☐	AVEN
	☐	ORLD

	☐	HRIST
C	☐	OWN
P	☐	ACE
E	☐	STER
FAI	☐	H
S	☐	N
L	☐	VE
SO	☐	

Therefore, if anyone is in Christ, he is a ____________ ______________; the old has gone, and the new has come!

2 Corinthians 5:17

The Jelly Bean Word Find

Circle the words from the list below.

B	E	A	U	T	I	F	U	L	V	B	T	S	G	H
W	B	F	C	D	R	T	R	E	D	V	H	U	J	G
O	R	L	I	F	E	T	G	W	X	Z	O	N	G	R
R	S	D	O	F	R	V	G	H	J	M	U	L	U	E
A	R	T	E	O	R	C	P	I	N	K	R	I	K	E
N	F	S	H	E	D	X	Y	T	Z	C	B	G	Y	N
G	H	G	J	P	O	W	E	E	R	T	Z	H	A	C
E	T	O	M	O	R	R	O	W	D	A	Q	T	Z	S
F	P	U	R	P	L	E	G	H	G	R	A	C	E	K
N	C	R	G	B	N	Y	Z	Y	E	L	L	O	W	L
B	L	A	C	K	E	C	N	I	G	H	T	I	U	M
S	O	R	R	O	W	G	D	R	T	S	I	N	S	N

Red	Purple	Grace	Sorrow
Orange	Sins	Hour	Yellow
Life	New	White	Shed
Tomorrow	Black	Blood	Night
Green	Pink	Beautiful	Sunlight

Jesus Loves The Little Children

Circle the words found in the song below.

Jesus loves the little children,
All the children of the world.
Red, brown, yellow, black and white,
They are precious in His sight.
Jesus loves the little children of the world.

A	R	E	V	J	E	S	U	S	V	R	E	D	N	T
L	C	X	Z	Y	T	B	Y	C	N	Y	A	N	D	H
L	H	H	B	A	H	L	D	H	I	S	H	J	K	E
W	I	P	I	B	E	A	S	I	L	T	H	E	T	N
W	L	R	W	L	Y	C	V	L	O	V	E	S	K	T
O	D	E	O	I	D	K	C	D	G	Y	O	M	L	H
R	R	C	R	T	X	R	N	R	L	I	T	T	L	E
L	E	I	L	T	H	E	E	E	W	W	J	T	H	E
D	N	O	D	L	D	X	Z	N	S	I	G	H	T	L
O	F	U	O	E	F	V	K	T	B	R	O	W	N	O
X	B	S	J	E	S	U	S	H	L	O	V	E	S	F
Y	E	L	L	O	W	U	N	X	G	W	H	I	T	E

Jesus Loves Me This I Know

Jesus loves me, this I know, For the Bible tells me so!
Little ones to Him belong. They are weak but He is strong.
Yes, Jesus loves me! Yes, Jesus loves me!
Yes, Jesus loves me. The Bible tells me so!

Color the picture.

Jesus Take This Heart Of Mine

Jesus, take this heart of mine. Make it pure and wholly Thine.
On the cross You died for me. I will try and live for Thee.
Yes, Jesus loves me! Yes, Jesus loves me!
Yes, Jesus loves me. The Bible tells me so!

Color the picture.

The Last Supper

Matthew 26:26 says: "While they were eating, Jesus took bread, gave thanks and broke it, and gave it to his disciples.
Use the code at the bottom of the page to find out what Jesus said.

"

___ ___ ___ ___
20 1 11 5

___ ___ ___   ___ ___ ___ :
1 14 4   5 1 20

___ ___ ___ ___   ___ ___
20 8 9 19   9 19

"

___ ___   ___ ___ ___ ___
13 25   2 15 4 25

A	B	C	D	E	F	G	H	I	J	K	L	M
1	2	3	4	5	6	7	8	9	10	11	12	13

N	O	P	Q	R	S	T	U	V	W	X	Y	Z
14	15	16	17	18	19	20	21	22	23	24	25	26

Judas Betrays Jesus

Matthew 26:47-55

Judas was one of Jesus' disciples. He knew where Jesus would be meeting with His disciples so he led soldiers to arrest Jesus for the chief priests and Pharisees. He betrayed Jesus for 30 silver coins.

Draw a path from Judas and the soldiers to Jesus.

Jesus Dies

Matthew 27:45-65

Jesus died on the cross because people did not believe that He was God's Son. Friends of Jesus placed His body in a tomb. A large stone was rolled in front of the entrance. Soldiers guarded the tomb so that no one would take Jesus' body.

Draw a path from the soldiers to Jesus' tomb where they stood guard.

He Is Not Here

Use the code at the bottom of the page to find out what the angel told the women when they went to Jesus' tomb.

___ ___   ___ ___   ___ ___ ___
8 5   9 19   14 15 20

___ ___ ___ ___   ___ ___
8 5 18 8   8 5

___ ___ ___   ___ ___ ___ ___ ___
8 1 19   18 9 19 5 14

___ ___ ___ ___   ___ ___
10 21 19 20   1 19

___ ___   ___ ___ ___ ___
8 5   19 1 9 4

A	B	C	D	E	F	G	H	I	J	K	L	M
1	2	3	4	5	6	7	8	9	10	11	12	13

N	O	P	Q	R	S	T	U	V	W	X	Y	Z
14	15	16	17	18	19	20	21	22	23	24	25	26

He Is Risen!

Matthew 28:5-6

The next day, two women both named Mary came to the tomb. They found the stone rolled away from the entrance. An angel said, "Jesus is not here! He is alive! Go quickly and tell His friends!"

Draw a path from the empty tomb to help the women tell his disciples that Jesus is alive.

Jesus Is Alive!

Matthew 27

After Jesus died, a man named Joseph took Jesus' body and wrapped it in clean cloths. Joseph placed Jesus' body in a tomb. Then, Joseph rolled a huge stone in front of it. Soldiers guarded the tomb to make sure no one would move Jesus' body. After three days, two women named Mary visited the tomb of Jesus. All of a sudden, there was a loud earthquake. An angel had appeared and moved the huge stone aside. The soldiers were afraid and ran away.

Use the code to find out what the angel said to the women.

Do ___ ___ ___ be ___ ___ ___ ___ ___ ___,
14 15 20 — 1 6 18 1 9 4

for I ___ ___ ___ ___ that you are
11 14 15 23

___ ___ ___ ___ ___ ___ ___ for ___ ___ ___ ___ ___,
12 15 15 11 9 14 7 — 10 5 19 21 19

who was ___ ___ ___ ___ ___ ___ ___ ___ ___.
3 18 21 3 9 6 9 5 4

He is not ___ ___ ___ ___; He has
8 5 18 5

___ ___ ___ ___ ___; just as he ___ ___ ___ ___."
18 9 19 5 14 — 19 1 9 4

A	B	C	D	E	F	G	H	I	J	K	L	M
1	2	3	4	5	6	7	8	9	10	11	12	13

N	O	P	Q	R	S	T	U	V	W	X	Y	Z
14	15	16	17	18	19	20	21	22	23	24	25	26

He Is Risen!

Use the code to figure out what Jesus said in John 14:6.

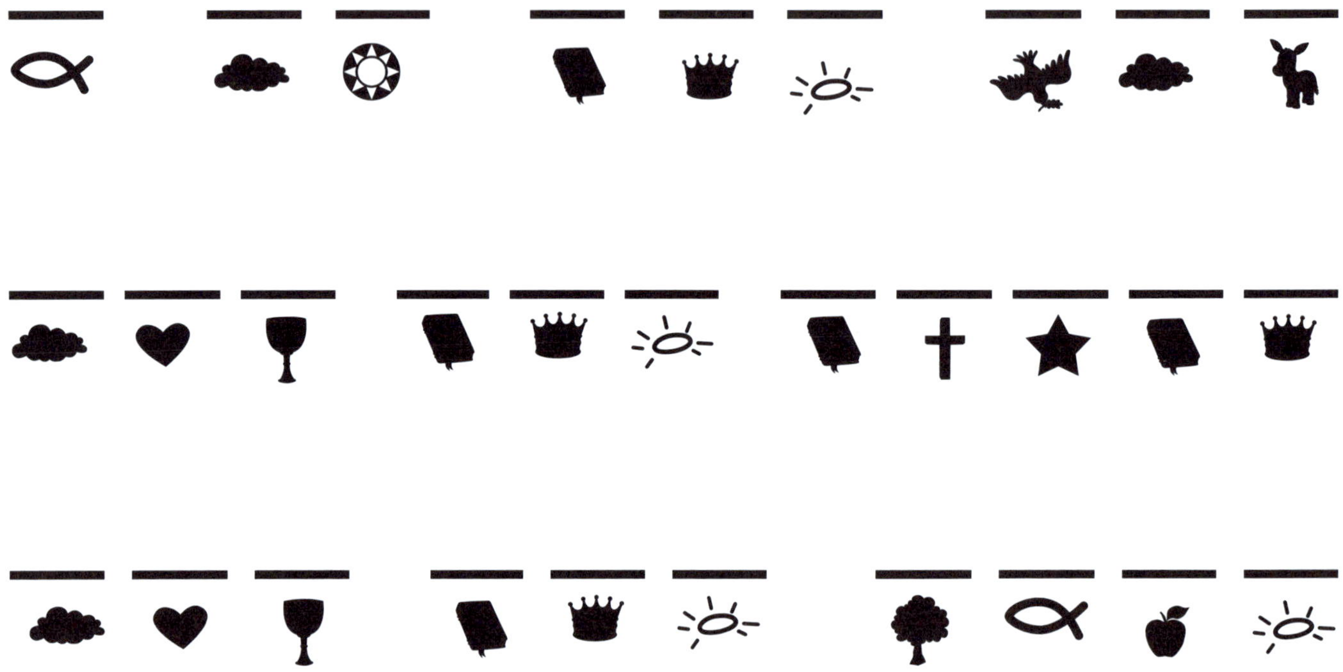

No one comes to the Father except through me.

John 14:6

Do Not Be Afraid

Read the verse below from Matthew 28:5-7.
Then use the underlined words to fill in the puzzle.

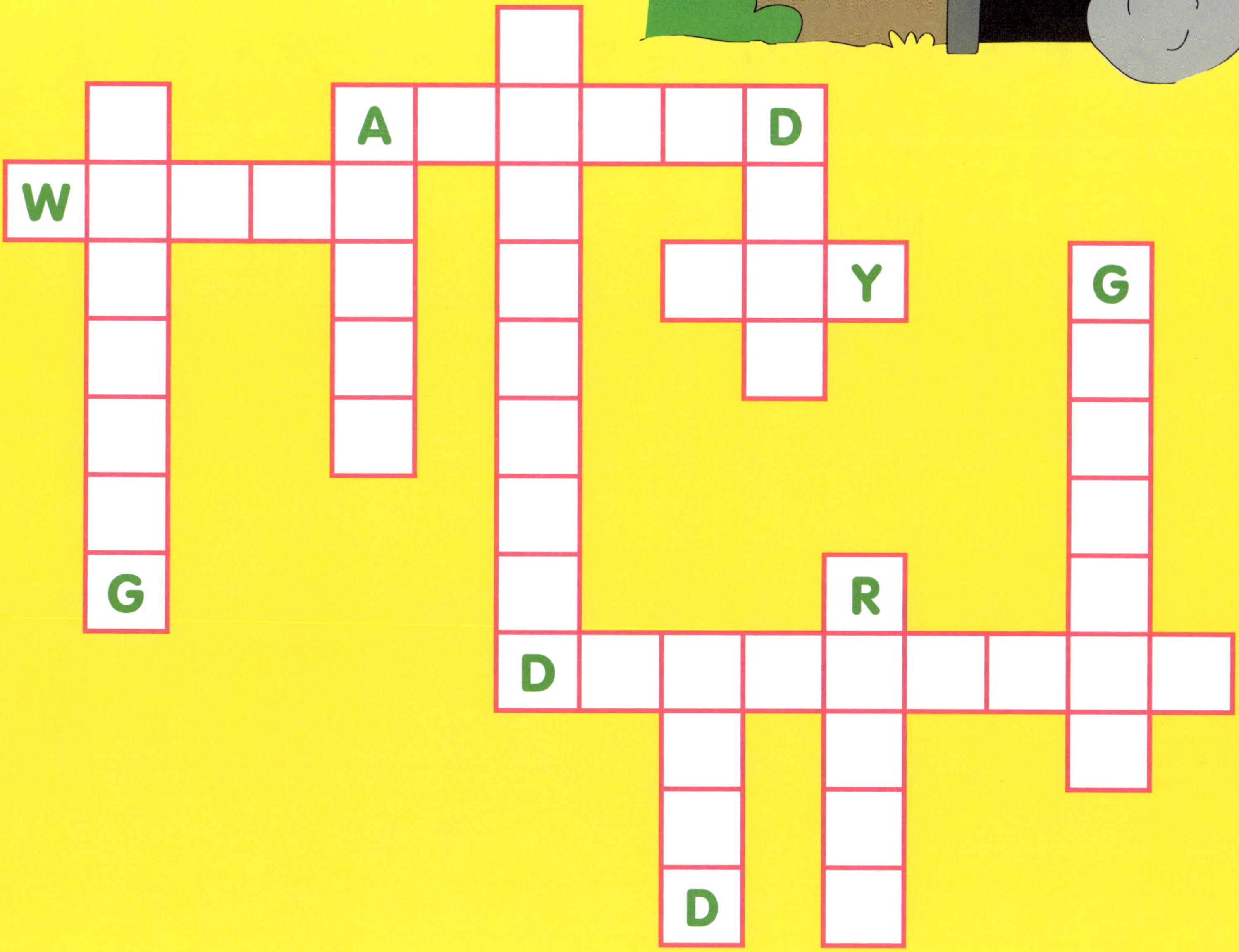

The angel said to the women, "Do not be afraid, for I know that you are looking for Jesus, who was crucified. He is not here; he has risen, just as he said. Come and see the place where he lay. Then go quickly and tell his disciples: He has risen from the dead and is going ahead of you into Galilee.

Matthew 28:5-7

Jesus Rides Into Jerusalem

Matthew 21:1-11

P	K	I	U	Y	H	D	O	N	K	E	Y	V	D	E
S	J	A	P	R	O	P	H	E	T	I	L	N	B	C
O	E	E	W	G	U	N	T	I	E	A	D	B	R	L
N	W	T	R	I	D	I	N	G	Q	W	X	R	Y	O
O	G	H	B	U	T	H	J	U	R	W	Q	A	X	A
F	Z	X	H	O	S	A	N	N	A	N	M	N	K	K
D	V	B	R	T	D	A	S	Z	A	S	Q	C	G	S
A	Y	L	U	I	J	K	L	L	O	M	N	H	V	H
V	Y	O	X	J	Z	A	G	E	N	T	L	E	D	F
I	J	R	K	E	L	M	P	O	M	Y	K	S	R	E
D	Y	D	I	S	C	I	P	L	E	S	B	T	A	U
E	F	C	V	U	N	E	E	D	S	T	L	J	J	N
A	B	L	E	S	S	E	D	V	R	O	T	N	M	E
F	J	H	Y	T	G	E	D	C	C	R	O	W	D	Q
V	I	L	L	A	G	E	I	J	H	R	E	W	Q	X

DONKEY
RIDING
GENTLE
DISCIPLES
JESUS

HOSANNA
BLESSED
BRANCHES
JERUSALEM
PROPHET

COLT
VILLAGE
LORD
NEEDS
UNTIE

CLOAKS
CROWD
SON
OF
DAVID

N	B	D	E	T	W	E	L	V	E	C	D	S	Q	E
B	O	D	Y	E	U	I	O	L	P	M	K	U	L	I
R	W	I	A	S	C	J	X	Z	D	R	I	N	K	R
E	Z	S	X	U	Y	E	B	N	M	O	N	J	L	U
A	E	C	U	P	W	S	Q	T	B	Y	G	J	G	E
D	J	I	L	P	F	U	X	D	R	E	D	U	H	V
K	I	P	O	E	L	S	U	I	B	L	O	O	D	E
X	C	L	V	R	C	E	S	D	E	J	M	L	I	N
O	S	E	P	U	O	J	B	K	T	B	A	I	P	I
P	A	S	S	O	V	E	R	L	R	I	L	I	P	N
F	D	G	H	T	E	J	O	Y	A	U	N	J	E	G
B	N	J	N	L	N	S	K	W	Y	A	F	W	D	B
T	I	M	E	I	A	T	E	X	C	Z	A	Y	H	L
B	N	I	A	P	N	L	K	J	T	Y	R	E	Z	C
C	V	S	R	N	T	H	A	N	K	S	S	A	R	Q

SUPPER
JESUS
TWELVE
DISCIPLES
DRINK
BLOOD
BETRAY
BREAD
THANKS
BROKE
BODY
CUP
COVENANT
KINGDOM
PASSOVER
EVENING
DIPPED
SAD
TIME
NEAR

S	L	E	E	P	I	N	G	G	P	E	T	E	R	L
T	A	B	C	R	D	E	F	F	N	H	I	J	K	P
E	S	Q	U	R	P	O	G	A	R	D	E	N	M	R
M	T	O	U	V	W	X	M	T	Y	X	Z	C	B	A
P	H	F	E	G	H	E	I	H	J	K	E	D	E	Y
T	L	M	K	N	S	O	P	E	Q	R	S	T	T	E
A	U	V	A	H	W	C	G	R	O	U	N	D	R	D
T	X	Y	T	R	O	U	B	L	E	D	Z	B	A	S
I	D	E	F	G	H	P	J	I	K	L	M	C	Y	O
O	G	N	O	P	Q	R	S	Y	S	X	C	D	E	N
N	A	B	C	D	S	I	N	N	E	R	S	E	R	O
D	I	S	C	I	P	L	E	S	H	I	J	K	G	F
L	M	V	F	N	O	P	A	R	W	Q	R	S	T	M
W	X	Y	Z	C	V	S	R	F	G	E	S	V	Y	A
S	O	R	R	O	W	F	U	L	A	C	D	D	S	N

GARDEN
GETHSEMANE
PETER
SORROWFUL
TROUBLED
TAKE
CUP
FATHER
GROUND
PRAYED
DISCIPLES
SLEEPING
TEMPTATION
HOUR
NEAR
SON
OF
MAN
SINNERS
BETRAYER

T	S	A	P	R	O	P	H	E	T	S	I	C	P	F
W	B	I	D	E	S	E	R	T	E	D	J	H	R	U
E	C	D	G	E	F	G	H	J	S	L	S	I	I	L
L	M	N	O	N	P	I	Q	B	R	E	S	E	E	F
V	T	U	B	V	A	W	U	J	R	C	A	F	S	I
E	A	E	G	H	Z	L	Y	U	X	A	M	R	T	L
B	V	F	J	I	C	L	T	D	O	P	B	N	S	L
F	L	E	D	K	V	P	U	A	S	T	Q	B	R	E
C	D	J	K	L	I	W	X	S	Y	U	Z	A	I	D
N	T	S	U	R	Z	I	G	H	B	R	G	F	E	C
M	Q	R	C	V	X	Y	A	K	E	E	H	I	K	M
O	P	S	W	O	R	D	S	I	D	F	G	J	H	L
F	R	I	E	N	D	C	B	S	S	V	W	R	N	O
G	R	E	E	T	I	N	G	S	T	U	Y	X	Q	P
D	I	S	C	I	P	L	E	S	A	R	R	E	S	T

JUDAS
TWELVE
SWORDS
CLUBS
SIGNAL
CHIEF
PRIESTS
KISS
ARREST
FRIEND
GREETINGS
RABBI
EAR
SCRIPTURES
FULFILLED
DISCIPLES
DESERTED
FLED
PROPHETS
CAPTURE

Peter Denies Jesus

Matthew 26:69-75

B	D	C	A	C	R	O	W	E	D	F	G	H	E	J
T	K	N	A	S	R	A	H	J	H	N	C	K	B	E
H	L	E	A	U	A	T	G	G	F	B	O	J	I	D
R	M	V	C	Z	I	H	W	I	Q	M	U	L	T	D
E	N	E	C	F	E	H	J	Z	R	P	R	I	T	S
E	B	R	E	G	H	R	Z	C	L	L	T	O	E	Y
F	T	E	N	Y	J	O	E	X	M	U	Y	M	R	U
B	A	J	T	U	U	O	U	T	I	N	A	B	L	Z
E	D	M	L	O	P	S	N	M	H	U	R	K	Y	X
F	G	N	I	G	H	T	A	S	W	R	D	R	Y	W
O	W	D	G	D	D	E	N	I	E	S	I	A	T	E
R	E	I	T	Y	J	R	R	F	D	B	M	S	K	A
E	P	E	T	E	R	Y	C	U	R	S	E	S	E	S
G	T	Y	U	T	A	Z	S	X	C	X	V	B	N	N
H	J	T	J	E	S	U	S	V	T	R	U	T	H	F

PETER
DENIES
THREE
ROOSTER
CROWED
JESUS
WEPT
TRUTH
NEVER
DIE
NIGHT
RISEN
BEFORE
COURTYARD
GIRL
NAZARETH
OATH
ACCENT
CURSES
BITTERLY

Jesus Appears Before Pilate

Matthew 27:11-21

C	R	U	C	I	F	Y	K	I	N	G	W
Z	H	I	M	I	O	L	K	P	B	V	A
R	F	I	T	W	A	S	H	E	D	R	T
E	X	Y	E	C	H	O	S	E	N	E	E
L	C	W	I	F	E	J	E	S	U	S	R
E	V	R	T	Y	P	I	L	A	T	E	C
A	R	E	V	C	H	R	I	S	T	N	R
S	C	U	S	T	O	M	I	J	U	M	O
E	C	R	I	M	E	G	J	E	W	S	W
S	E	A	T	G	A	C	C	U	S	E	D
C	V	F	I	N	N	O	C	E	N	T	L
R	T	R	G	B	A	R	A	B	B	A	S

PILATE
ACCUSED
KING
JEWS
CHIEF PRIESTS
JESUS
CUSTOM
RELEASE
WIFE
CHOSEN
CROWD
BARABBAS
CHRIST
SEAT
INNOCENT
CRUCIFY
HIM
CRIME
WATER
WASHED

C	R	O	W	N	A	C	V	S	J	C	C
G	S	T	A	F	F	A	B	C	E	L	R
A	B	O	Q	K	E	D	F	A	W	O	U
W	N	K	L	I	I	O	P	R	S	T	C
A	M	J	L	D	Z	N	L	L	R	H	I
Y	B	V	H	T	I	X	G	E	E	E	F
S	T	R	I	P	P	E	D	T	W	S	Y
H	Q	W	M	E	C	X	R	O	B	E	M
Y	A	C	T	H	O	R	N	S	H	H	H
G	H	I	T	O	O	K	J	P	K	E	A
Z	X	V	L	E	D	J	M	I	T	A	N
M	O	C	K	E	D	S	A	T	K	D	D

SOLDIERS	HEAD	STAFF	CLOTHES
STRIPPED	MOCKED	HAND	LED
ROBE	SPIT	HAIL	AWAY
CROWN	CRUCIFY	KING	TOOK
THORNS	SCARLET	JEWS	HIM

B	V	G	Z	S	K	U	L	L	A	F	R
E	C	R	O	S	S	W	T	D	F	O	O
L	Q	Y	R	L	O	T	S	N	O	R	B
I	K	U	R	K	G	L	I	K	J	C	B
E	W	I	N	E	C	A	R	R	Y	E	E
V	C	P	N	V	N	X	T	T	Y	D	R
E	Z	A	B	G	C	E	D	H	C	H	S
G	C	A	S	T	I	N	G	S	A	V	E
C	C	L	O	T	H	E	S	L	U	E	M
S	O	N	O	F	G	O	D	U	O	P	T
S	I	M	O	N	G	J	G	H	X	Q	W
C	R	U	C	I	F	I	E	D	Y	Z	O

CYRENE
SIMON
CARRY
CROSS
GOLGATHA
SKULL
WINE
CRUCIFIED
CASTING
LOTS
CLOTHES
TWO
ROBBERS
SAVE
FORCED
SON
OF
GOD
KING
BELIEVE

Jesus Dies

Matthew 27:45-56

A	M	E	B	C	E	H	L	D	A	E	T
O	F	Y	L	A	N	D	O	F	G	S	O
S	H	O	O	K	C	B	U	L	U	P	M
B	T	O	R	N	V	H	D	B	Y	I	B
N	M	J	E	S	U	S	N	B	M	R	S
C	I	T	R	E	A	R	T	H	K	I	P
R	U	Y	F	G	R	K	C	V	I	T	L
I	K	U	G	O	T	D	E	R	O	V	O
E	O	Q	T	D	A	R	K	N	E	S	S
D	L	B	R	O	K	E	S	F	G	Q	O
C	U	R	T	A	I	N	X	F	C	V	N
T	E	M	P	L	E	G	V	O	I	C	E

DARKNESS
LAND
FORSAKEN
ME
JESUS

CRIED
LOUD
VOICE
SPIRIT
TEMPLE

CURTAIN
TORN
EARTH
SHOOK
HOLY

TOMBS
BROKE
SON
OF
GOD

A	V	D	A	D	C	S	T	O	N	E	B
S	C	P	I	L	A	T	E	R	E	R	G
K	T	J	O	S	E	P	H	E	A	I	U
E	N	O	N	M	C	U	J	H	G	C	A
D	Y	H	M	T	H	I	R	D	A	H	R
G	H	Y	D	B	W	X	P	Z	I	N	D
X	L	I	N	E	N	Z	D	L	N	M	J
M	B	R	O	C	K	T	A	S	E	A	L
A	N	J	U	I	T	B	Y	K	L	S	P
R	I	S	E	Z	C	L	O	T	H	H	M
Y	V	C	D	E	G	B	B	O	D	Y	O
F	S	E	C	U	R	E	W	D	E	A	D

RICH
JOSEPH
BODY
PILATE
ASKED
LINEN
CLOTH
ROCK
TOMB
MARY
RISE
AGAIN
THIRD
DAY
DEAD
GUARD
SEAL
STONE
DISCIPLES
SECURE

E	M	V	B	A	C	K	A	H	C	C	L
S	A	B	B	A	T	H	F	E	D	L	I
T	R	R	I	S	E	N	R	A	E	O	G
O	Y	D	T	O	M	B	A	V	A	T	H
N	A	I	R	H	E	D	I	E	D	H	T
E	N	S	O	E	Q	N	D	N	M	E	N
F	G	C	L	S	C	U	H	B	N	S	I
A	E	I	L	N	G	U	A	R	D	S	N
S	L	P	E	T	D	D	R	K	Y	D	G
N	X	L	D	M	A	G	D	A	E	A	E
O	C	E	Z	Y	W	H	I	T	E	W	L
W	Q	S	M	A	G	D	A	L	E	N	E

SABBATH
DAWN
MARY
MAGDALENE
TOMB
EARTHQUAKE
ANGEL
HEAVEN
ROLLED
BACK
STONE
GUARDS
CLOTHES
WHITE
SNOW
RISEN
DEAD
DISCIPLES
AFRAID
LIGHTNING

Answer Key

Page 5 Answer:

THIS IS LOVE: NOT THAT WE LOVED GOD, BUT THAT HE LOVED US AND SENT HIS SON AS AN ATONING SACRIFICE FOR OUR SINS.

1 John 4:10

Page 7 Answer:

1. **LOVE**
2. **LIGHT**
3. **FATHER**
4. **JESUS**

...God has given us eternal **LIFE**, and this life is in His son. He who has the Son has life; he who does not have the Son of God does not have life.

Page 9 Answer:

FOR ALL HAVE SINNED AND FALL SHORT OF THE GLORY OF GOD.

Page 11 Answer:

Page 13 Answer:

Page 17 Answer:

Jesus said, "Father, **FORGIVE THEM**, for they do not know what they are doing."

Luke 23:34

Answer Key

Page 19 Answer:

Therefore, if anyone is in Christ, he is a **NEW CREATION**; the old has gone, and the new has come!

2 Corinthians 5:17

Page 20 Answer:

Page 21 Answer:

Page 24 Answer:

"TAKE AND EAT: THIS IS MY BODY."

Page 25 Answer:

Page 26 Answer:

Answer Key

Page 27 Answer:

"**HE IS NOT HERE; HE HAS RISEN, JUST AS HE SAID**."

Page 28 Answer:

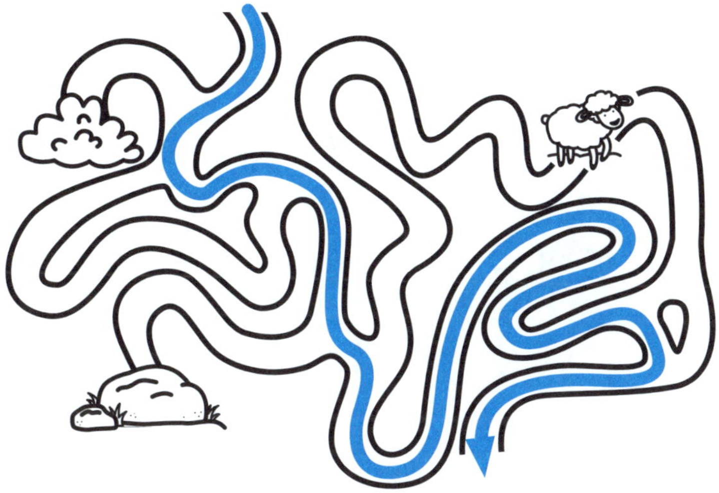

Page 29 Answer:

"Do **NOT** be **AFRAID**, for I **KNOW** that you are **LOOKING** for **JESUS**, who was **CRUCIFIED**. He is not **HERE**, he has **RISEN**, just as he **SAID**.

Page 30 Answer:

I AM THE WAY AND THE TRUTH AND THE LIFE. No one comes to the Father except through me.

John 14:6

Page 31 Answer:

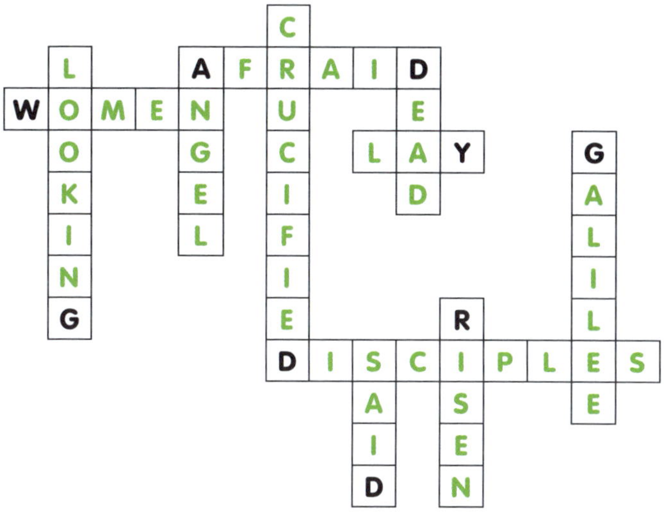

Page 32 Answer:

P	K	I	U	Y	H	D	O	N	K	E	Y	V	D	E
S	J	A	P	R	O	P	H	E	T	I	L	N	B	C
O	E	E	W	G	U	N	T	I	E	A	D	B	R	L
N	W	T	R	I	D	I	N	G	Q	W	X	R	Y	O
O	G	H	B	U	T	H	J	U	R	W	Q	A	X	A
F	Z	X	H	O	S	A	N	N	A	N	M	N	K	K
D	V	B	R	T	D	A	S	Z	A	S	Q	C	G	S
A	Y	L	U	I	J	K	L	L	O	M	N	H	V	H
V	Y	O	X	J	Z	A	G	E	N	T	L	E	D	F
I	J	R	K	E	L	M	P	O	M	Y	K	S	R	E
D	Y	D	I	S	C	I	P	L	E	S	B	T	A	U
E	F	C	V	U	N	E	E	D	S	T	L	J	J	N
A	B	L	E	S	S	E	D	V	R	O	T	N	M	E
F	J	H	Y	T	G	E	D	C	C	R	O	W	D	Q
V	I	L	L	A	G	E	I	J	H	R	E	W	Q	X

Answer Key

Page 33 Answer:

```
N B D E T W E L V E C D S Q E
B O D Y E U I O L P M K U L I
R W I A S C J X Z D R I N K R
E Z S X U Y E B N M O N J L U
A E C U P W S Q T B Y G J G E
D J I L P F U X D R E D U H V
K I P O E L S U I B L O O D E
X C L V R C E S D E J M L I N
O S E P U O J B K T B A I P I
P A S S O V E R L R I L I P N
F D G H T E J O Y A U N J E G
B N J N L N S K W Y A F W D B
T I M E I A T E X C Z A Y H L
B N I A P N L K J T Y R E Z C
C V S R N T H A N K S S A R Q
```

Page 36 Answer:

```
B D C A C R O W E D F G H E J
T K N A S R A H J H N C K B E
H L E A U A T G G F B O J I D
R M V C Z I H W I Q M U L T D
E N E C F E H J Z R P R I T S
E B R E G H R Z C L L T O E Y
F T E N Y J O E X M U Y M R U
B A J T U U O U T I N A B L Z
E D M L O P S N M H U R K Y X
F G N I G H T A S W R D R Y W
O W D G D D E N I E S I A T E
R E I T Y J R R F D B M S K A
E P E T E R Y C U R S E S E S
G T Y U T A Z S X C X V B N N
H J T J E S U S V T R U T H F
```

Page 34 Answer:

```
S L E E P I N G G P E T E R L
T A B C R D E F F N H I J K P
E S Q U R P O G A R D E N M R
M T O U V W X M T Y X Z C B A
P H F E G H E I H J K E D E Y
T L M K N S O P E Q R S T T E
A U V A H W C G R O U N D R D
T X Y T R O U B L E D Z B A S
I D E F G H P J I K L M C Y O
O G N O P Q R S Y S X C D E N
N A B C D S I N N E R S E R O
D I S C I P L E S H I J K G F
L M V F N O P A R W Q R S T M
W X Y Z C V S R F G E S V Y A
S O R R O W F U L A C D D S N
```

Page 37 Answer:

```
C R U C I F Y K I N G W
Z H I M I O L K P B V A
R F I T W A S H E D R T
E X Y E C H O S E N E E
L C W I F E J E S U S R
E V R T Y P I L A T E C
A R E V C H R I S T N R
S C U S T O M I J U M O
E C R I M E G J E W S W
S E A T G A C C U S E D
C V F I N N O C E N T L
R T R G B A R A B B A S
```

Page 35 Answer:

```
T S A P R O P H E T S I C P F
W B I D E S E R T E D J H R U
E C D G E F G H J S L S I I L
L M N O N P I Q B R E S E E F
V T U B V A W U J R C A F S I
E A E G H Z L Y U X A M R T L
B V F J I C L T D O P B N S L
F L E D K V P U A S T Q B R E
C D J K L I W X S Y U Z A I D
N T S U R Z I G H B R G F E C
M Q R C V X Y A K E E H I K M
O P S W O R D S I D F G J H L
F R I E N D C B S S V W R N O
G R E E T I N G S T U Y X Q P
D I S C I P L E S A R R E S T
```

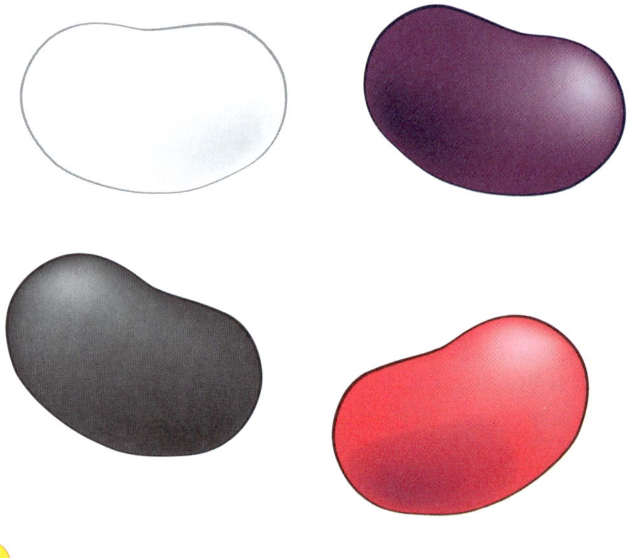

Answer Key

Page 38 Answer:

C	R	O	W	N	A	C	V	S	J	C	C
G	S	T	A	F	F	A	B	C	E	L	R
A	B	O	Q	K	E	D	F	A	W	O	U
W	N	K	L	I	I	O	P	R	S	T	C
A	M	J	L	D	Z	N	L	L	R	H	I
Y	B	V	H	T	I	X	G	E	E	E	F
S	T	R	I	P	P	E	D	T	W	S	Y
H	Q	W	M	E	C	X	R	O	B	E	M
Y	A	C	T	H	O	R	N	S	H	H	H
G	H	I	T	O	O	K	J	P	K	E	A
Z	X	V	L	E	D	J	M	I	T	A	N
M	O	C	K	E	D	S	A	T	K	D	D

Page 39 Answer:

B	V	G	Z	S	K	U	L	L	A	F	R
E	C	R	O	S	S	W	T	D	F	O	O
L	Q	Y	R	L	O	T	S	N	O	R	B
I	K	U	R	K	G	L	I	K	J	C	B
E	W	I	N	E	C	A	R	R	Y	E	E
V	C	P	N	V	N	X	T	T	Y	D	R
E	Z	A	B	G	C	E	D	H	C	H	S
G	C	A	S	T	I	N	G	S	A	V	E
C	C	L	O	T	H	E	S	L	U	E	M
S	O	N	O	F	G	O	D	U	O	P	T
S	I	M	O	N	G	J	G	H	X	Q	W
C	R	U	C	I	F	I	E	D	Y	Z	O

Page 40 Answer:

A	M	E	B	C	E	H	L	D	A	E	T
O	F	Y	L	A	N	D	O	F	G	S	O
S	H	O	O	K	C	B	U	L	U	P	M
B	T	O	R	N	V	H	D	B	Y	I	B
N	M	J	E	S	U	S	N	B	M	R	S
C	I	T	R	E	A	R	T	H	K	I	P
R	U	Y	F	G	R	K	C	V	I	T	L
I	K	U	G	O	T	D	E	R	O	V	O
E	O	Q	T	D	A	R	K	N	E	S	S
D	L	B	R	O	K	E	S	F	G	Q	O
C	U	R	T	A	I	N	X	F	C	V	N
T	E	M	P	L	E	G	V	O	I	C	E

Page 41 Answer:

A	V	D	A	D	C	S	T	O	N	E	B
S	C	P	I	L	A	T	E	R	E	R	G
K	T	J	O	S	E	P	H	E	A	I	U
E	N	O	N	M	C	U	J	H	G	C	A
D	Y	H	M	T	H	I	R	D	A	H	R
G	H	Y	D	B	W	X	P	Z	I	N	D
X	L	I	N	E	N	Z	D	L	N	M	J
M	B	R	O	C	K	T	A	S	E	A	L
A	N	J	U	I	T	B	Y	K	L	S	P
R	I	S	E	Z	C	L	O	T	H	H	M
Y	V	C	D	E	G	B	B	O	D	Y	O
F	S	E	C	U	R	E	W	D	E	A	D

Page 42 Answer:

E	M	V	B	A	C	K	A	H	C	C	L
S	A	B	B	A	T	H	F	E	D	L	I
T	R	R	I	S	E	N	R	A	E	O	G
O	Y	D	T	O	M	B	A	V	A	T	H
N	A	I	R	H	E	D	I	E	D	H	T
E	N	S	O	E	Q	N	D	N	M	E	N
F	G	C	L	S	C	U	H	B	N	S	I
A	E	I	L	N	G	U	A	R	D	S	N
S	L	P	E	T	D	D	R	K	Y	D	G
N	X	L	D	M	A	G	D	A	E	A	E
O	C	E	Z	Y	W	H	I	T	E	W	L
W	Q	S	M	A	G	D	A	L	E	N	E

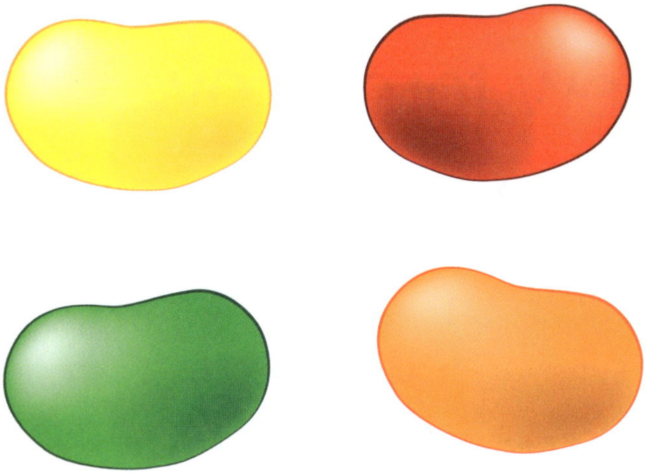

JELLY BEAN PRAYER

Write the correct color in the blanks.

__________ is for the blood Jesus shed.

__________ is for new life ahead.

__________ is for the sins we've made.

__________ is for perfect grace He gave.

__________ is for the beautiful sunlight.

__________ is for the edge of night.

__________ is for His hour of sorrow.

__________ is for our new tomorrow.

COLOR WORDS

green black yellow white
orange red pink purple